This book belongs to:

_____

a Warrior Scholar

Kamali Academy

Kamali Academy strives to help warrior parents across the globe provide their young warrior scholars with an education for liberation. This workbook is apart of that continued mission.

Young warrior scholars can use this book and its mental math tips to master basic addition and subtraction thoroughly and quickly.

Whether you are homeschooling your child or supplementing the education they receive in the public and private school system, this will serve you well.

Parents, be sure to monitor the progress of your warrior scholar and watch them grow.

cover design:
Tafari Melisizwe

ADDITION & SUBTRACTION

Table of Contents:

Mental Math Tutorial

1

Name: _____   Date: __ / __ / __

We read numbers from left to right, we pronounce numbers from left to right, so it's just more natural to add and subtract numbers from left to right.

> Mental Math Tip

 Go Left to Right:

1st	2nd	1st	2nd	1st	2nd
2 3	2 3	4 3	4 3	3 7	3 7
+ 5	+ 5	+3 2	+3 2	+8 2	+8 2
2	2 8	7	7 5	1 1	1 1 9

 When the sum is greater than 10, place the last digit down and carry the first digit forward.

1st	2nd	1st	2nd	1st	2nd
4 6	4 6	7 3	7 3	8 9	8 9
+2 4	+2 4	+5 8	+5 8	+7 8	+7 8
6	6,0	1 2	1 2,3	1 5	1 5,7
	ans: 7 0		ans: 1 3 3		ans: 1 6 7

 Everything is the same with 3 or 4 digit numbers as well. Try it!

9 5	4 5	1 9	2 9	8 1	5 6 4
+3 2	+4 6	+1 7	+4 9	+6 3	+9 5 3

4

5 3-Digit Addition

Name: 　　　　　　　　　Date:　　/　　/

1 Add:

(1)　　100
　　+　70

(6)　　126
　　+　42

(11)　　115
　　+　　7

(16)　　128
　　+　53

(2)　　106
　　+　80

(7)　　136
　　+　44

(12)　　128
　　+　　3

(17)　　120
　　+　43

(3)　　110
　　+　　4

(8)　　138
　　+　　5

(13)　　125
　　+　29

(18)　　232
　　+　69

(4)　　433
　　+　58

(9)　　427
　　+　54

(14)　　124
　　+　26

(19)　　134
　　+　55

(5)　　202
　　+　84

(10)　　315
　　+　44

(15)　　412
　　+　67

(20)　　　65
　　+　19

11

2 Add:

(1)
```
  100
+ 100
```

(2)
```
  200
+ 100
```

(3)
```
  300
+ 200
```

(4)
```
  400
+ 300
```

(5)
```
  400
+ 500
```

(6)
```
  130
+ 110
```

(7)
```
  210
+ 120
```

(8)
```
  320
+ 220
```

(9)
```
  350
+ 440
```

(10)
```
  556
+ 343
```

3 Add:

(1)
```
  325
+ 142
```

(2)
```
  325
+ 153
```

(3)
```
  325
+ 129
```

(4)
```
  254
+ 437
```

(5)
```
  254
+ 438
```

(6)
```
  315
+ 338
```

(7)
```
  308
+ 333
```

(8)
```
  483
+ 209
```

(9)
```
  508
+ 266
```

(10)
```
  432
+ 148
```

3-Digit Addition

Name: Date: /   /

1 **Add:**

(1)
$$647 \\ + 100$$

(6)
$$230 \\ + 140$$

(11)
$$231 \\ + 550$$

(16)
$$237 \\ + 208$$

(2)
$$446 \\ + 330$$

(7)
$$232 \\ + 215$$

(12)
$$714 \\ + 120$$

(17)
$$129 \\ + 309$$

(3)
$$572 \\ + 118$$

(8)
$$247 \\ + 315$$

(13)
$$454 \\ + 318$$

(18)
$$256 \\ + 406$$

(4)
$$503 \\ + 219$$

(9)
$$528 \\ + 412$$

(14)
$$306 \\ + 187$$

(19)
$$377 \\ + 609$$

(5)
$$354 \\ + 225$$

(10)
$$367 \\ + 518$$

(15)
$$656 \\ + 236$$

(20)
$$483 \\ + 308$$

2 Add:

(1) 564
    + 121

(2) 631
    + 253

(3) 733
    + 259

(4) 867
    + 123

(5) 408
    + 367

(6) 315
    + 128

(7) 243
    + 408

(8) 224
    + 369

(9) 579
    + 106

(10) 128
     + 245

(11) 209
     + 401

(12) 328
     + 468

(13) 147
     + 243

(14) 523
     + 369

(15) 407
     + 308

(16) 128
     + 459

(17) 279
     + 216

(18) 105
     + 146

(19) 161
     + 209

(20) 134
     + 406

Remember, an army is driven back by courage and not by insults, however many.

14

7 3-Digit Addition

Name: _____   Date: __/__/__

1 Add:

(1)
$$345 + 120$$

(2)
$$345 + 127$$

(3)
$$457 + 128$$

(4)
$$376 + 105$$

(5)
$$473 + 108$$

(6)
$$346 + 102$$

(7)
$$462 + 154$$

(8)
$$254 + 190$$

(9)
$$135 + 282$$

(10)
$$592 + 185$$

(11)
$$670 + 180$$

(12)
$$260 + 389$$

(13)
$$164 + 494$$

(14)
$$192 + 312$$

(15)
$$290 + 379$$

(16)
$$184 + 506$$

(17)
$$309 + 262$$

(18)
$$262 + 375$$

(19)
$$138 + 502$$

(20)
$$142 + 219$$

2 **Add:**

(1)
```
   232
 + 496
```

(4)
```
   284
 + 123
```

(7)
```
   378
 + 104
```

(10)
```
   270
 + 540
```

(2)
```
   171
 + 458
```

(5)
```
   190
 + 380
```

(8)
```
   364
 + 108
```

(3)
```
   249
 + 317
```

(6)
```
   262
 + 374
```

(9)
```
   484
 + 235
```

3 **Add:**

(1)
```
   378
 + 104
```

(4)
```
   504
 + 386
```

(7)
```
   329
 + 464
```

(10)
```
   250
 + 387
```

(2)
```
   218
 + 178
```

(5)
```
   123
 + 148
```

(8)
```
   185
 + 392
```

(3)
```
   524
 + 259
```

(6)
```
   214
 + 604
```

(9)
```
   259
 + 627
```

Name: _____   Date: /   /

1 **Add:**

(1) 293
    + 385

(6) 257
    + 133

(11) 104
     + 609

(16) 254
     + 108

(2) 352
    + 473

(7) 242
    + 338

(12) 309
     + 273

(17) 242
     + 151

(3) 381
    + 525

(8) 368
    + 126

(13) 162
     + 176

(18) 486
     + 293

(4) 263
    + 674

(9) 215
    + 392

(14) 128
     + 302

(19) 328
     + 653

(5) 274
    + 385

(10) 226
     + 392

(15) 116
     + 527

(20) 328
     + 655

2 **Add:**

(1)
```
  208
+ 155
```

(6)
```
  351
+ 463
```

(11)
```
  367
+ 122
```

(16)
```
  203
+ 592
```

(2)
```
  164
+ 326
```

(7)
```
  258
+ 391
```

(12)
```
  257
+ 127
```

(17)
```
  428
+ 453
```

(3)
```
  383
+ 432
```

(8)
```
  357
+ 180
```

(13)
```
  503
+ 248
```

(18)
```
  104
+ 386
```

(4)
```
  322
+ 129
```

(9)
```
  374
+ 118
```

(14)
```
  524
+ 375
```

(19)
```
  149
+ 538
```

(5)
```
  322
+ 192
```

(10)
```
  347
+ 181
```

(15)
```
  534
+ 375
```

(20)
```
  194
+ 583
```

Remember, a chattering bird builds no nest.

3-Digit Addition

9

Name: _____ Date: ___/___/___

1 **Add:**

(1)
```
   1 4 2
 +   6 3
```

(6)
```
   2 2 5
 +   6 7
```

(11)
```
   4 2 5
 +   3 6
```

(16)
```
   3 6 3
 +   5 4
```

(2)
```
   1 8 0
 +   6 6
```

(7)
```
   2 3 8
 +   4 2
```

(12)
```
   4 2 4
 +   5 9
```

(17)
```
   3 5 2
 +   8 7
```

(3)
```
   1 6 6
 +   2 6
```

(8)
```
   2 4 5
 +   2 7
```

(13)
```
   4 5 3
 +   6 4
```

(18)
```
   3 4 7
 +   8 1
```

(4)
```
   1 4 6
 +   3 8
```

(9)
```
   2 4 7
 +   3 9
```

(14)
```
   4 3 1
 +   5 9
```

(19)
```
   3 6 6
 +   8 2
```

(5)
```
   1 1 8
 +   6 8
```

(10)
```
   2 7 4
 +   9 2
```

(15)
```
   4 3 8
 +   1 6
```

(20)
```
   3 6 6
 +   2 8
```

2 **Add:**

(1)   175
    + 52

(6)   329
    + 52

(11)   448
    + 14

(16)   473
    + 18

(2)   142
    + 64

(7)   321
    + 59

(12)   423
    + 47

(17)   308
    + 72

(3)   164
    + 54

(8)   353
    + 72

(13)   526
    + 57

(18)   483
    + 71

(4)   128
    + 54

(9)   342
    + 73

(14)   537
    + 54

(19)   667
    + 72

(5)   167
    + 24

(10)   324
    + 37

(15)   573
    + 45

(20)   778
    + 19

Remember, unity is strength, division is weakness.

10 3-Digit Addition

Name: _____ **Date:** ___/___/___

1 Add:

(1)   258
    + 24

(2)   258
    + 34

(3)   258
    + 44

(4)   258
    + 54

(5)   258
    + 84

(6)   253
    + 74

(7)   281
    + 27

(8)   294
    + 10

(9)   294
    + 18

(10)   274
     + 58

(11)   335
     + 17

(12)   335
     + 87

(13)   247
     + 37

(14)   247
     + 67

(15)   247
     + 77

(16)   366
     + 27

(17)   366
     + 37

(18)   366
     + 47

(19)   366
     + 57

(20)   366
     + 67

2 Add:

(1)
```
  359
+  32
```

(2)
```
  359
+  62
```

(3)
```
  349
+  41
```

(4)
```
  349
+  81
```

(5)
```
  349
+  85
```

(6)
```
  215
+  76
```

(7)
```
  245
+  76
```

(8)
```
  434
+  38
```

(9)
```
  434
+  78
```

(10)
```
  434
+  98
```

(11)
```
  344
+  80
```

(12)
```
  344
+  89
```

(13)
```
  317
+  57
```

(14)
```
  367
+  57
```

(15)
```
  387
+  57
```

(16)
```
  616
+  28
```

(17)
```
  694
+  28
```

(18)
```
  479
+  12
```

(19)
```
  479
+  22
```

(20)
```
  479
+  32
```

Remember, the snake may change its skin but stays a snake.

3-Digit Addition

Name:

Date: / /

1 **Add:**

(1) 163
   + 75

(6) 245
   + 25

(11) 145
    + 55

(16) 519
    + 73

(2) 260
   + 79

(7) 316
   + 84

(12) 124
    + 98

(17) 249
    + 89

(3) 466
   + 79

(8) 586
   + 37

(13) 286
    + 23

(18) 456
    + 76

(4) 467
   + 55

(9) 452
   + 79

(14) 257
    + 43

(19) 359
    + 65

(5) 284
   + 78

(10) 444
    + 89

(15) 259
    + 84

(20) 354
    + 78

2 Add:

(1)
```
  246
+  39
```

(6)
```
  248
+  45
```

(11)
```
  287
+  76
```

(16)
```
  293
+  48
```

(2)
```
  229
+  66
```

(7)
```
  228
+  62
```

(12)
```
  276
+  48
```

(17)
```
  498
+  36
```

(3)
```
  229
+  86
```

(8)
```
  228
+  94
```

(13)
```
  229
+  83
```

(18)
```
  398
+  57
```

(4)
```
  313
+  89
```

(9)
```
  258
+  75
```

(14)
```
  331
+  89
```

(19)
```
  284
+  76
```

(5)
```
  263
+  88
```

(10)
```
  258
+  64
```

(15)
```
  433
+  88
```

(20)
```
  483
+  96
```

Remember, however nice the elbow may be, it cannot remove dirt from the eye.

3-Digit Addition

Name: _____ Date: __ / __ / __

1 Add:

(1)
```
   147
 + 235
```

(2)
```
   147
 + 245
```

(3)
```
   147
 + 275
```

(4)
```
   147
 + 265
```

(5)
```
   147
 + 255
```

(6)
```
   418
 + 164
```

(7)
```
   418
 + 194
```

(8)
```
   635
 + 165
```

(9)
```
   142
 + 278
```

(10)
```
   324
 + 299
```

(11)
```
   344
 + 139
```

(12)
```
   344
 + 149
```

(13)
```
   344
 + 179
```

(14)
```
   264
 + 178
```

(15)
```
   264
 + 138
```

(16)
```
   388
 + 416
```

(17)
```
   446
 + 387
```

(18)
```
   204
 + 398
```

(19)
```
   399
 + 175
```

(20)
```
   464
 + 189
```

2 Add:

(1)   266
    + 325

(6)   392
    + 494

(11)   348
     + 337

(16)   271
     + 483

(2)   266
    + 336

(7)   397
    + 494

(12)   348
     + 386

(17)   516
     + 349

(3)   266
    + 347

(8)   387
    + 496

(13)   465
     + 362

(18)   399
     + 402

(4)   274
    + 456

(9)   287
    + 488

(14)   465
     + 348

(19)   158
     + 787

(5)   274
    + 426

(10)   545
     + 289

(15)   583
     + 167

(20)   437
     + 384

Remember, eggs and metal should not be put in the same sack.

13 3-Digit Addition

Name: _____ **Date:** ___ / ___ / ___

1 Add:

(1)
```
  235
+ 149
```

(2)
```
  235
+ 180
```

(3)
```
  328
+ 437
```

(4)
```
  345
+ 587
```

(5)
```
  115
+ 329
```

(6)
```
  254
+ 196
```

(7)
```
  185
+ 339
```

(8)
```
  253
+ 189
```

(9)
```
  376
+ 131
```

(10)
```
  376
+ 138
```

(11)
```
  298
+ 315
```

(12)
```
  248
+ 675
```

(13)
```
  199
+   1
```

(14)
```
  499
+   2
```

(15)
```
  148
+ 584
```

(16)
```
  432
+ 299
```

(17)
```
  100
+ 200
```

(18)
```
  100
+ 150
```

(19)
```
  760
+ 134
```

(20)
```
  152
+ 326
```

27

2 **Add:**

(1)
```
  553
+ 302
```

(6)
```
  259
+ 467
```

(11)
```
  241
+ 159
```

(16)
```
  136
+ 785
```

(2)
```
  490
+ 366
```

(7)
```
  542
+ 378
```

(12)
```
  383
+ 468
```

(17)
```
  150
+ 100
```

(3)
```
  266
+ 126
```

(8)
```
  187
+ 229
```

(13)
```
  176
+ 584
```

(18)
```
  200
+ 150
```

(4)
```
  278
+ 368
```

(9)
```
  326
+ 480
```

(14)
```
  487
+ 354
```

(19)
```
  321
+ 457
```

(5)
```
  145
+ 367
```

(10)
```
  124
+ 359
```

(15)
```
  247
+ 453
```

(20)
```
  426
+ 234
```

Remember, If you do not seal the holes, you will have to rebuild the walls.

28

Name: _____   Date: /   /

1 Add:

(1)   274
    + 352
    _____

(6)   48
    + 124
    _____

(11)   141
    + 259
    _____

(16)   197
    + 306
    _____

(2)   441
    + 264
    _____

(7)   61
    + 449
    _____

(12)   537
    + 373
    _____

(17)   100
    + 198
    _____

(3)   328
    + 454
    _____

(8)   87
    + 574
    _____

(13)   193
    + 508
    _____

(18)   250
    + 100
    _____

(4)   178
    + 644
    _____

(9)   459
    + 102
    _____

(14)   308
    + 192
    _____

(19)   139
    + 252
    _____

(5)   63
    + 174
    _____

(10)   349
    + 474
    _____

(15)   168
    + 175
    _____

(20)   165
    + 518
    _____

2 Add:

(1)　　549
　　　+ 312

(2)　　208
　　　+ 444

(3)　　109
　　　+ 411

(4)　　567
　　　+ 234

(5)　　 53
　　　+ 274

(6)　　 87
　　　+ 226

(7)　　194
　　　+ 510

(8)　　309
　　　+ 294

(9)　　184
　　　+ 730

(10)　 365
　　　+ 495

(11)　 598
　　　+ 278

(12)　 397
　　　+ 527

(13)　 266
　　　+ 582

(14)　 243
　　　+ 377

(15)　　98
　　　+ 102

(16)　　 67
　　　+ 283

(17)　 127
　　　+ 534

(18)　 256
　　　+ 336

(19)　 164
　　　+ 107

(20)　 257
　　　+ 138

Remember, do not put your goat out to graze in the field of the leopards.

3-Digit Addition

Name: _____   Date: /   /

1 Add:

(1)
```
    128
  +  83
```

(2)
```
    214
  +  89
```

(3)
```
    366
  +  79
```

(4)
```
    467
  +  55
```

(5)
```
    245
  + 525
```

(6)
```
    216
  + 384
```

(7)
```
    546
  + 437
```

(8)
```
    152
  + 829
```

(9)
```
    245
  + 255
```

(10)
```
    324
  + 298
```

(11)
```
    188
  + 523
```

(12)
```
    457
  + 243
```

(13)
```
    812
  + 373
```

(14)
```
    436
  + 728
```

(15)
```
    849
  + 429
```

(16)
```
    359
  + 825
```

(17)
```
    166
  +  26
```

(18)
```
     45
  + 329
```

(19)
```
    425
  + 316
```

(20)
```
    209
  + 687
```

31

2 Add:

(1)
```
  549
+ 312
```

(6)
```
   87
+ 226
```

(11)
```
  598
+ 278
```

(16)
```
   67
+ 283
```

(2)
```
  208
+ 444
```

(7)
```
  194
+ 510
```

(12)
```
  397
+ 527
```

(17)
```
  127
+ 534
```

(3)
```
  109
+ 411
```

(8)
```
  309
+ 294
```

(13)
```
  266
+ 582
```

(18)
```
  256
+ 336
```

(4)
```
  567
+ 234
```

(9)
```
  184
+ 730
```

(14)
```
  243
+ 377
```

(19)
```
  164
+ 107
```

(5)
```
   53
+ 274
```

(10)
```
  365
+ 495
```

(15)
```
   98
+ 102
```

(20)
```
  257
+ 138
```

Remember, after you throw the spear, you cannot catch the end of it.

4-Digit Addition

1 **Add:**

(1)
```
  1000
+  600
```

(2)
```
  1070
+  800
```

(3)
```
  1200
+  430
```

(4)
```
  1270
+  425
```

(5)
```
  1376
+  512
```

(6)
```
  1256
+  324
```

(7)
```
  1136
+  458
```

(8)
```
  1523
+  249
```

(9)
```
  2425
+  316
```

(10)
```
  2428
+  244
```

(11)
```
  3513
+  268
```

(12)
```
  4237
+  154
```

(13)
```
  2253
+  142
```

(14)
```
  2351
+  253
```

(15)
```
  1480
+  266
```

2 **Add:**

(1)
```
   2 0 0 0
 + 1 0 0 0
```

(2)
```
   3 0 0 0
 + 2 0 0 0
```

(3)
```
   1 3 0 0
 + 1 1 0 0
```

(4)
```
   2 1 0 0
 + 1 2 0 0
```

(5)
```
   3 2 5 0
 + 2 2 0 0
```

(6)
```
   3 5 4 0
 + 1 4 3 0
```

(7)
```
   3 2 6 0
 + 2 3 2 3
```

(8)
```
   4 5 3 0
 + 2 4 0 7
```

(9)
```
   2 4 1 6
 + 1 2 7 0
```

(10)
```
   2 7 2 6
 + 1 2 4 8
```

(11)
```
   4 5 2 9
 + 1 3 3 4
```

(12)
```
   3 6 4 8
 + 2 1 0 5
```

(13)
```
   3 4 1 5
 + 1 2 6 0
```

(14)
```
   3 6 1 5
 + 1 2 6 7
```

(15)
```
   2 4 7 5
 + 1 2 6 0
```

Remember, no one tests the depth of the river with both feet.

34

17 4-Digit Addition

Name: _____ Date: ___/___/___

1 Add:

(1)
$$2253 + 439$$

(2)
$$2281 + 327$$

(3)
$$1258 + 384$$

(4)
$$1366 + 437$$

(5)
$$1366 + 447$$

(6)
$$1366 + 457$$

(7)
$$3595 + 320$$

(8)
$$3495 + 812$$

(9)
$$2454 + 760$$

(10)
$$4374 + 781$$

(11)
$$3675 + 573$$

(12)
$$4275 + 586$$

(13)
$$6163 + 287$$

(14)
$$6940 + 287$$

(15)
$$4798 + 231$$

2 Add:

(1)
```
   1437
+  3245
_____
```

(6)
```
   4124
+  2399
_____
```

(11)
```
   1422
+  2786
_____
```

(2)
```
   1437
+  3285
_____
```

(7)
```
   2647
+  1730
_____
```

(12)
```
   2043
+  3983
_____
```

(3)
```
   2418
+  1264
_____
```

(8)
```
   3445
+  1792
_____
```

(13)
```
   3285
+  4372
_____
```

(4)
```
   2418
+  1294
_____
```

(9)
```
   4460
+  3874
_____
```

(14)
```
   3456
+  2837
_____
```

(5)
```
   3635
+  1265
_____
```

(10)
```
   6351
+  1654
_____
```

(15)
```
   1158
+  3294
_____
```

Remember, until the snake is dead, do not drop the stick.

Name: Date: /   /

1 **Add:**

(1)
```
  1280
+  830
```

(2)
```
  2145
+  892
```

(3)
```
  3664
+  794
```

(4)
```
  3564
+  798
```

(5)
```
  2847
+  563
```

(6)
```
  4675
+  559
```

(7)
```
  2457
+ 5250
```

(8)
```
  2163
+ 3845
```

(9)
```
  1520
+ 4290
```

(10)
```
  3247
+ 2981
```

(11)
```
  4905
+ 3668
```

(12)
```
  2636
+ 1439
```

(13)
```
  1870
+ 2394
```

(14)
```
  3267
+ 4954
```

(15)
```
  1245
+ 3797
```

37

② **Add:**

(1)
```
  2416
+ 1293
```

(2)
```
  3245
+ 5526
```

(3)
```
  2353
+ 1298
```

(4)
```
  2588
+ 1546
```

(5)
```
  3167
+ 1835
```

(6)
```
  8120
+ 3735
```

(7)
```
  4362
+ 7280
```

(8)
```
  8495
+ 4293
```

(9)
```
  5494
+ 7252
```

(10)
```
  4587
+ 7204
```

(11)
```
  6143
+ 5397
```

(12)
```
  7736
+ 4520
```

(13)
```
  3950
+ 8754
```

(14)
```
  3456
+ 7781
```

(15)
```
  4563
+ 8375
```

Remember, if the rhythm of the drum beat changes, the dance step must adapt.

Name: 　　　　　Date:　　/　　/

1 **Add:**

(1)
```
    117
+    29
```

(2)
```
    146
+    34
```

(3)
```
    235
+   142
```

(4)
```
    320
+   170
```

(5)
```
    407
+   166
```

(6)
```
    651
+   240
```

(7)
```
    483
+   372
```

(8)
```
    294
+   185
```

(9)
```
    357
+   233
```

(10)
```
    428
+    53
```

(11)
```
    2341
+    345
```

(12)
```
    5494
+   2389
```

(13)
```
    393
+   286
```

(14)
```
    326
+   293
```

(15)
```
    23
+   43
```

39

2 **Add:**

(1)
```
   160
+   73
―――――
```

(2)
```
   245
+   87
―――――
```

(3)
```
   149
+  292
―――――
```

(4)
```
   384
+  563
―――――
```

(5)
```
   433
+   78
―――――
```

(6)
```
   296
+  315
―――――
```

(7)
```
   499
+    4
―――――
```

(8)
```
   245
+  155
―――――
```

(9)
```
   4153
+   372
―――――
```

(10)
```
   2198
+  1106
―――――
```

(11)
```
   3467
+  4583
―――――
```

(12)
```
   8206
+  2354
―――――
```

(13)
```
   316
+  484
―――――
```

(14)
```
   467
+   73
―――――
```

(15)
```
   274
+  853
―――――
```

Remember, a plant, no matter how healthy, cannot survive in contaminated soil.

20 2-Digit Subtraction Review

Name: _____ Date: __ / __ / __

1 Subtract:

Go to this page and watch the video before you began.

www.kamaliacademy.com/mentalsubtraction/

(1)
```
   18
 -  5
```

(6)
```
   38
 - 14
```

(11)
```
   73
 - 21
```

(16)
```
   84
 - 35
```

(2)
```
   26
 -  4
```

(7)
```
   46
 - 24
```

(12)
```
   61
 - 45
```

(17)
```
   75
 - 48
```

(3)
```
   39
 -  8
```

(8)
```
   79
 - 26
```

(13)
```
   42
 - 18
```

(18)
```
   92
 - 36
```

(4)
```
   57
 -  5
```

(9)
```
   32
 - 14
```

(14)
```
   54
 - 24
```

(19)
```
   82
 - 74
```

(5)
```
   60
 -  9
```

(10)
```
   50
 - 19
```

(15)
```
   35
 - 19
```

(20)
```
   63
 - 59
```

41

2 **Subtract:**

(1)
```
   6 1
-  1 1
```

(6)
```
   4 3
-    7
```

(11)
```
   5 4
-  3 3
```

(16)
```
   6 5
-  1 7
```

(2)
```
   5 2
-  2 3
```

(7)
```
   7 4
-  3 6
```

(12)
```
   3 5
-  2 6
```

(17)
```
   4 4
-  2 9
```

(3)
```
   4 4
-    5
```

(8)
```
   7 3
-  6 5
```

(13)
```
   4 9
-  4 0
```

(18)
```
   5 0
-  2 8
```

(4)
```
   7 2
-  1 5
```

(9)
```
   6 3
-  5 8
```

(14)
```
   8 2
-  7 7
```

(19)
```
   7 0
-  6 4
```

(5)
```
   3 6
-  1 9
```

(10)
```
   4 5
-  2 8
```

(15)
```
   6 8
-  5 0
```

(20)
```
   8 5
-  7 8
```

Remember, one's character is just like any writing on a stone.

42

21 Complements

Name: _____ **Date:** ___ / ___ / ___

1 Add: With Complements, the tens column has a sum of 9, while the ones column has a sum of 10.

(1)
$$\begin{array}{r} 45 \\ +\ \boxed{5}\ \boxed{5} \\ \hline 100 \end{array}$$

(6)
$$\begin{array}{r} 65 \\ +\ \boxed{}\ \boxed{} \\ \hline 100 \end{array}$$

(11)
$$\begin{array}{r} 44 \\ +\ \boxed{}\ \boxed{} \\ \hline 100 \end{array}$$

(16)
$$\begin{array}{r} 47 \\ +\ \boxed{}\ \boxed{} \\ \hline 100 \end{array}$$

(2)
$$\begin{array}{r} 35 \\ +\ \boxed{}\ \boxed{} \\ \hline 100 \end{array}$$

(7)
$$\begin{array}{r} 75 \\ +\ \boxed{}\ \boxed{} \\ \hline 100 \end{array}$$

(12)
$$\begin{array}{r} 46 \\ +\ \boxed{}\ \boxed{} \\ \hline 100 \end{array}$$

(17)
$$\begin{array}{r} 49 \\ +\ \boxed{}\ \boxed{} \\ \hline 100 \end{array}$$

(3)
$$\begin{array}{r} 25 \\ +\ \boxed{}\ \boxed{} \\ \hline 100 \end{array}$$

(8)
$$\begin{array}{r} 85 \\ +\ \boxed{}\ \boxed{} \\ \hline 100 \end{array}$$

(13)
$$\begin{array}{r} 48 \\ +\ \boxed{}\ \boxed{} \\ \hline 100 \end{array}$$

(18)
$$\begin{array}{r} 21 \\ +\ \boxed{}\ \boxed{} \\ \hline 100 \end{array}$$

(4)
$$\begin{array}{r} 15 \\ +\ \boxed{}\ \boxed{} \\ \hline 100 \end{array}$$

(9)
$$\begin{array}{r} 95 \\ +\ \boxed{}\ \boxed{} \\ \hline 100 \end{array}$$

(14)
$$\begin{array}{r} 41 \\ +\ \boxed{}\ \boxed{} \\ \hline 100 \end{array}$$

(19)
$$\begin{array}{r} 22 \\ +\ \boxed{}\ \boxed{} \\ \hline 100 \end{array}$$

(5)
$$\begin{array}{r} 55 \\ +\ \boxed{}\ \boxed{} \\ \hline 100 \end{array}$$

(10)
$$\begin{array}{r} 42 \\ +\ \boxed{}\ \boxed{} \\ \hline 100 \end{array}$$

(15)
$$\begin{array}{r} 43 \\ +\ \boxed{}\ \boxed{} \\ \hline 100 \end{array}$$

(20)
$$\begin{array}{r} 24 \\ +\ \boxed{}\ \boxed{} \\ \hline 100 \end{array}$$

2   Add:

(1)
```
   1 2
 +[  ][  ]
 ─────────
   1 0 0
```

(6)
```
   6 7
 +[  ][  ]
 ─────────
   1 0 0
```

(11)
```
   4 4
 +[  ][  ]
 ─────────
   1 0 0
```

(16)
```
   9 9
 +[  ][  ]
 ─────────
   1 0 0
```

(2)
```
   2 3
 +[  ][  ]
 ─────────
   1 0 0
```

(7)
```
   7 8
 +[  ][  ]
 ─────────
   1 0 0
```

(12)
```
   3 3
 +[  ][  ]
 ─────────
   1 0 0
```

(17)
```
   8 7
 +[  ][  ]
 ─────────
   1 0 0
```

(3)
```
   3 4
 +[  ][  ]
 ─────────
   1 0 0
```

(8)
```
   8 9
 +[  ][  ]
 ─────────
   1 0 0
```

(13)
```
   6 6
 +[  ][  ]
 ─────────
   1 0 0
```

(18)
```
   8 5
 +[  ][  ]
 ─────────
   1 0 0
```

(4)
```
   4 5
 +[  ][  ]
 ─────────
   1 0 0
```

(9)
```
   1 1
 +[  ][  ]
 ─────────
   1 0 0
```

(14)
```
   7 7
 +[  ][  ]
 ─────────
   1 0 0
```

(19)
```
   8 3
 +[  ][  ]
 ─────────
   1 0 0
```

(5)
```
   5 6
 +[  ][  ]
 ─────────
   1 0 0
```

(10)
```
   2 2
 +[  ][  ]
 ─────────
   1 0 0
```

(15)
```
   8 8
 +[  ][  ]
 ─────────
   1 0 0
```

(20)
```
   8 1
 +[  ][  ]
 ─────────
   1 0 0
```

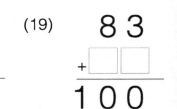

Remember, a fine cradle will not always ensure a fine character.

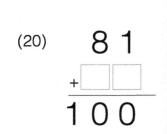

44

Complements

1   **Add:**

(1)
```
    1 4
  +[  ][  ]
  ─────────
  1 0 0
```

(6)
```
    5 6
  +[  ][  ]
  ─────────
  1 0 0
```

(11)
```
    1 6
  +[  ][  ]
  ─────────
  1 0 0
```

(16)
```
    6 4
  +[  ][  ]
  ─────────
  1 0 0
```

(2)
```
    3 5
  +[  ][  ]
  ─────────
  1 0 0
```

(7)
```
    6 3
  +[  ][  ]
  ─────────
  1 0 0
```

(12)
```
    2 4
  +[  ][  ]
  ─────────
  1 0 0
```

(17)
```
    7 2
  +[  ][  ]
  ─────────
  1 0 0
```

(3)
```
    2 8
  +[  ][  ]
  ─────────
  1 0 0
```

(8)
```
    7 0
  +[  ][  ]
  ─────────
  1 0 0
```

(13)
```
    3 2
  +[  ][  ]
  ─────────
  1 0 0
```

(18)
```
    8 0
  +[  ][  ]
  ─────────
  1 0 0
```

(4)
```
    4 2
  +[  ][  ]
  ─────────
  1 0 0
```

(9)
```
    7 7
  +[  ][  ]
  ─────────
  1 0 0
```

(14)
```
    4 0
  +[  ][  ]
  ─────────
  1 0 0
```

(19)
```
    8 8
  +[  ][  ]
  ─────────
  1 0 0
```

(5)
```
    4 9
  +[  ][  ]
  ─────────
  1 0 0
```

(10)
```
    8 4
  +[  ][  ]
  ─────────
  1 0 0
```

(15)
```
    4 8
  +[  ][  ]
  ─────────
  1 0 0
```

(20)
```
    9 6
  +[  ][  ]
  ─────────
  1 0 0
```

45

2 **Add:**

(1)
$$
\begin{array}{r}
1\ 2 \\
+\ \boxed{}\ \boxed{} \\
\hline
1\ 0\ 0
\end{array}
$$

(6)
$$
\begin{array}{r}
4\ 2 \\
+\ \boxed{}\ \boxed{} \\
\hline
1\ 0\ 0
\end{array}
$$

(11)
$$
\begin{array}{r}
2\ 0 \\
+\ \boxed{}\ \boxed{} \\
\hline
1\ 0\ 0
\end{array}
$$

(16)
$$
\begin{array}{r}
2\ 2 \\
+\ \boxed{}\ \boxed{} \\
\hline
1\ 0\ 0
\end{array}
$$

(2)
$$
\begin{array}{r}
1\ 8 \\
+\ \boxed{}\ \boxed{} \\
\hline
1\ 0\ 0
\end{array}
$$

(7)
$$
\begin{array}{r}
6\ 6 \\
+\ \boxed{}\ \boxed{} \\
\hline
1\ 0\ 0
\end{array}
$$

(12)
$$
\begin{array}{r}
2\ 8 \\
+\ \boxed{}\ \boxed{} \\
\hline
1\ 0\ 0
\end{array}
$$

(17)
$$
\begin{array}{r}
3\ 3 \\
+\ \boxed{}\ \boxed{} \\
\hline
1\ 0\ 0
\end{array}
$$

(3)
$$
\begin{array}{r}
2\ 4 \\
+\ \boxed{}\ \boxed{} \\
\hline
1\ 0\ 0
\end{array}
$$

(8)
$$
\begin{array}{r}
5\ 4 \\
+\ \boxed{}\ \boxed{} \\
\hline
1\ 0\ 0
\end{array}
$$

(13)
$$
\begin{array}{r}
7\ 8 \\
+\ \boxed{}\ \boxed{} \\
\hline
1\ 0\ 0
\end{array}
$$

(18)
$$
\begin{array}{r}
1\ 7 \\
+\ \boxed{}\ \boxed{} \\
\hline
1\ 0\ 0
\end{array}
$$

(4)
$$
\begin{array}{r}
3\ 0 \\
+\ \boxed{}\ \boxed{} \\
\hline
1\ 0\ 0
\end{array}
$$

(9)
$$
\begin{array}{r}
7\ 2 \\
+\ \boxed{}\ \boxed{} \\
\hline
1\ 0\ 0
\end{array}
$$

(14)
$$
\begin{array}{r}
8\ 3 \\
+\ \boxed{}\ \boxed{} \\
\hline
1\ 0\ 0
\end{array}
$$

(19)
$$
\begin{array}{r}
6\ 2 \\
+\ \boxed{}\ \boxed{} \\
\hline
1\ 0\ 0
\end{array}
$$

(5)
$$
\begin{array}{r}
3\ 6 \\
+\ \boxed{}\ \boxed{} \\
\hline
1\ 0\ 0
\end{array}
$$

(10)
$$
\begin{array}{r}
1\ 6 \\
+\ \boxed{}\ \boxed{} \\
\hline
1\ 0\ 0
\end{array}
$$

(15)
$$
\begin{array}{r}
8\ 5 \\
+\ \boxed{}\ \boxed{} \\
\hline
1\ 0\ 0
\end{array}
$$

(20)
$$
\begin{array}{r}
5\ 1 \\
+\ \boxed{}\ \boxed{} \\
\hline
1\ 0\ 0
\end{array}
$$

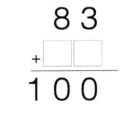

Remember, a tree is straightened while it is still young.

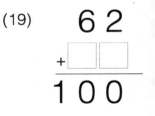

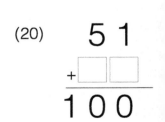

23 3-Digit Subtraction Review

Name: _____ Date: ___ / ___ / ___

1 Subtract:

(1)
```
  100
-  30
```

(6)
```
  117
-  72
```

(11)
```
  125
-  43
```

(16)
```
  144
-  67
```

(2)
```
  120
-  40
```

(7)
```
  149
-  85
```

(12)
```
  116
-  48
```

(17)
```
  135
-  79
```

(3)
```
  140
-  70
```

(8)
```
  128
-  64
```

(13)
```
  143
-  74
```

(18)
```
  121
-  36
```

(4)
```
  126
-  43
```

(9)
```
  163
-  91
```

(14)
```
  135
-  64
```

(19)
```
  131
-  38
```

(5)
```
  135
-  81
```

(10)
```
  124
-  84
```

(15)
```
  131
-  55
```

(20)
```
  172
-  95
```

2 Subtract:

(1)
```
  127
-  42
```

(6)
```
  145
-  66
```

(11)
```
  132
-  57
```

(16)
```
  104
-  16
```

(2)
```
  146
-  76
```

(7)
```
  123
-  38
```

(12)
```
  102
-   6
```

(17)
```
  147
-  93
```

(3)
```
  115
-  69
```

(8)
```
  100
-   7
```

(13)
```
  103
-  56
```

(18)
```
  160
-  89
```

(4)
```
  163
-  65
```

(9)
```
  100
-  25
```

(14)
```
  110
-  62
```

(19)
```
  105
-  78
```

(5)
```
  140
-  90
```

(10)
```
  130
-  46
```

(15)
```
  153
-  58
```

(20)
```
  120
-  24
```

Remember, instruction in youth is like engraving in stones.

48

Name: _____   Date: /   /

1 Subtract:

(1)
```
   46
-  18
_____
```

(2)
```
   25
-   9
_____
```

(3)
```
   51
-  32
_____
```

(4)
```
   63
-  45
_____
```

(5)
```
   30
-  17
_____
```

(6)
```
   17
-   8
_____
```

(7)
```
   59
-  46
_____
```

(8)
```
   82
-  74
_____
```

(9)
```
   36
-  29
_____
```

(10)
```
   41
-   6
_____
```

(11)
```
   62
-  19
_____
```

(12)
```
   94
-  58
_____
```

(13)
```
   53
-  33
_____
```

(14)
```
   75
-  46
_____
```

(15)
```
   80
-   4
_____
```

(16)
```
   56
-  27
_____
```

(17)
```
   64
-  36
_____
```

(18)
```
   82
-  79
_____
```

(19)
```
   91
-  65
_____
```

(20)
```
   73
-  68
_____
```

2 Subtract:

(1)
```
  1 3 4
-   6 1
```

(2)
```
  1 4 0
-   8 3
```

(3)
```
  1 2 7
-   5 4
```

(4)
```
  1 0 0
-   4 2
```

(5)
```
  1 6 3
-   8 5
```

(6)
```
  1 1 0
-   5 0
```

(7)
```
  1 2 9
-   3 9
```

(8)
```
  1 0 4
-     8
```

(9)
```
  1 4 5
-   7 7
```

(10)
```
  1 7 2
-   8 6
```

(11)
```
  1 2 0
-   2 5
```

(12)
```
  1 0 1
-   5 7
```

(13)
```
  1 6 5
-   6 9
```

(14)
```
  1 1 2
-   9 5
```

(15)
```
  1 3 8
-   7 4
```

(16)
```
  1 6 4
-   8 5
```

(17)
```
  1 2 6
-   2 9
```

(18)
```
  1 0 3
-   9 6
```

(19)
```
  1 4 0
-   4 8
```

(20)
```
  1 5 2
-   6 7
```

Remember, the community solves community problems.

1 Subtract:

(1)
```
  150
-  10
-----
```

(6)
```
  160
-  10
-----
```

(11)
```
  170
-  10
-----
```

(16)
```
  180
-  10
-----
```

(2)
```
  150
-  30
-----
```

(7)
```
  160
-  30
-----
```

(12)
```
  170
-  30
-----
```

(17)
```
  180
-  30
-----
```

(3)
```
  150
-  40
-----
```

(8)
```
  160
-  50
-----
```

(13)
```
  170
-  50
-----
```

(18)
```
  180
-  50
-----
```

(4)
```
  150
-  20
-----
```

(9)
```
  160
-  20
-----
```

(14)
```
  170
-  20
-----
```

(19)
```
  180
-  20
-----
```

(5)
```
  150
-  40
-----
```

(10)
```
  160
-  40
-----
```

(15)
```
  170
-  40
-----
```

(20)
```
  180
-  40
-----
```

2 Subtract:

(1)
```
  1 3 4
-   1 2
```

(6)
```
  1 7 4
-   2 0
```

(11)
```
  1 3 5
-   1 5
```

(16)
```
  1 5 5
-   3 1
```

(2)
```
  1 3 4
-   2 4
```

(7)
```
  1 7 4
-   2 2
```

(12)
```
  1 3 5
-   2 3
```

(17)
```
  1 5 5
-   2 3
```

(3)
```
  1 3 4
-   2 1
```

(8)
```
  1 7 4
-   2 4
```

(13)
```
  1 3 5
-   1 4
```

(18)
```
  1 5 5
-   3 7
```

(4)
```
  1 3 5
-   1 0
```

(9)
```
  1 7 4
-   2 7
```

(14)
```
  1 3 5
-   1 6
```

(19)
```
  1 5 5
-   4 6
```

(5)
```
  1 3 4
-   3 0
```

(10)
```
  1 7 4
-   2 8
```

(15)
```
  1 3 5
-   1 8
```

(20)
```
  1 5 5
-   2 9
```

Remember, it takes a village to raise a child.

Name: _____ Date: ___ / ___ / ___

1 **Subtract:**

(1)
```
   1 4 3
 -   3 2
```

(2)
```
   1 4 3
 -   3 3
```

(3)
```
   1 4 3
 -   3 4
```

(4)
```
   1 4 3
 -   2 8
```

(5)
```
   1 4 3
 -   2 7
```

(6)
```
   1 4 3
 -   2 1
```

(7)
```
   1 4 3
 -   2 3
```

(8)
```
   1 4 3
 -   1 4
```

(9)
```
   1 4 3
 -   2 5
```

(10)
```
   1 4 3
 -   2 9
```

(11)
```
   1 5 4
 -   2 2
```

(12)
```
   1 5 4
 -   3 3
```

(13)
```
   1 5 4
 -   3 4
```

(14)
```
   1 5 4
 -   2 4
```

(15)
```
   1 5 4
 -   3 9
```

(16)
```
   1 4 3
 -   2 5
```

(17)
```
   1 5 4
 -   1 6
```

(18)
```
   1 5 4
 -   3 7
```

(19)
```
   1 5 4
 -   4 5
```

(20)
```
   1 5 4
 -   4 9
```

2 Subtract:

(1)
```
  165
-  21
-----
```

(2)
```
  165
-  42
-----
```

(3)
```
  165
-  65
-----
```

(4)
```
  165
-  58
-----
```

(5)
```
  165
-  47
-----
```

(6)
```
  166
-  56
-----
```

(7)
```
  166
-  37
-----
```

(8)
```
  166
-  45
-----
```

(9)
```
  166
-  59
-----
```

(10)
```
  166
-  38
-----
```

(11)
```
  165
-  25
-----
```

(12)
```
  165
-  27
-----
```

(13)
```
  165
-  22
-----
```

(14)
```
  165
-  48
-----
```

(15)
```
  165
-  29
-----
```

(16)
```
  161
-  34
-----
```

(17)
```
  161
-  45
-----
```

(18)
```
  161
-  56
-----
```

(19)
```
  161
-  48
-----
```

(20)
```
  161
-  57
-----
```

Remember, what you do in black hair you will eat in white hair.

54

Name: _____   Date: / /

1 Subtract:

(1) 131 - 17	(6) 152 - 28	(11) 142 - 28	(16) 136 - 17
(2) 131 - 24	(7) 152 - 26	(12) 142 - 26	(17) 136 - 29
(3) 131 - 28	(8) 152 - 24	(13) 142 - 24	(18) 136 - 26
(4) 131 - 16	(9) 152 - 29	(14) 142 - 29	(19) 136 - 28
(5) 131 - 19	(10) 152 - 17	(15) 142 - 23	(20) 136 - 19

55

2 Subtract:

(1)
```
  130
-  10
-----
```

(6)
```
  120
-  10
-----
```

(11)
```
  140
-  15
-----
```

(16)
```
  100
-  20
-----
```

(2)
```
  130
-  20
-----
```

(7)
```
  120
-  20
-----
```

(12)
```
  140
-  25
-----
```

(17)
```
  100
-  60
-----
```

(3)
```
  130
-  30
-----
```

(8)
```
  120
-  30
-----
```

(13)
```
  140
-  35
-----
```

(18)
```
  100
-  50
-----
```

(4)
```
  130
-  40
-----
```

(9)
```
  120
-  40
-----
```

(14)
```
  140
-  37
-----
```

(19)
```
  100
-  70
-----
```

(5)
```
  130
-  50
-----
```

(10)
```
  120
-  50
-----
```

(15)
```
  140
-  29
-----
```

(20)
```
  100
-  90
-----
```

Remember, a tractor driver doesn't fear dust.

Name: _____   Date: /   /

1 Subtract:

(1) 144 − 32	(6) 244 − 53	(11) 344 − 21	(16) 444 − 34
(2) 144 − 37	(7) 244 − 28	(12) 344 − 62	(17) 444 − 71
(3) 144 − 61	(8) 244 − 72	(13) 344 − 36	(18) 444 − 83
(4) 144 − 29	(9) 244 − 17	(14) 344 − 53	(19) 444 − 37
(5) 144 − 83	(10) 244 − 90	(15) 344 − 38	(20) 444 − 29

57

② Subtract:

(1)
```
  153
-  31
```

(6)
```
  253
-  18
```

(11)
```
  353
-  43
```

(16)
```
  456
-  38
```

(2)
```
  153
-  27
```

(7)
```
  253
-  42
```

(12)
```
  353
-  29
```

(17)
```
  456
-  71
```

(3)
```
  153
-  63
```

(8)
```
  253
-  82
```

(13)
```
  353
-  37
```

(18)
```
  456
-  18
```

(4)
```
  153
-  80
```

(9)
```
  253
-  35
```

(14)
```
  353
-  72
```

(19)
```
  456
-  86
```

(5)
```
  153
-  28
```

(10)
```
  253
-  60
```

(15)
```
  353
-  94
```

(20)
```
  456
-  49
```

Remember, one man cannot collect the crops.

Name: _____   Date: /   /

1 Subtract:

(1)   600
    - 300

(2)   700
    - 300

(3)   730
    - 300

(4)   750
    - 320

(5)   753
    - 430

(6)   357
    - 123

(7)   357
    - 147

(8)   357
    - 150

(9)   357
    - 107

(10)   357
    - 157

(11)   468
    - 234

(12)   468
    - 345

(13)   468
    - 111

(14)   468
    - 222

(15)   468
    - 333

(16)   468
    - 300

(17)   468
    - 260

(18)   468
    - 308

(19)   468
    - 368

(20)   478
    - 460

2 Subtract:

(1)
```
  5 3 4
- 3 1 2
```

(6)
```
  4 7 3
- 1 8 8
```

(11)
```
  5 3 5
- 2 1 5
```

(16)
```
  6 4 5
- 2 3 4
```

(2)
```
  5 3 4
- 2 7 3
```

(7)
```
  4 7 3
- 4 2 4
```

(12)
```
  5 3 5
- 3 1 2
```

(17)
```
  6 4 5
- 4 3 2
```

(3)
```
  5 3 4
- 3 4 6
```

(8)
```
  4 7 3
- 2 3 3
```

(13)
```
  5 3 5
- 4 1 3
```

(18)
```
  6 4 5
- 2 3 8
```

(4)
```
  5 3 4
- 5 0 0
```

(9)
```
  4 7 3
- 2 3 5
```

(14)
```
  5 3 5
- 3 1 6
```

(19)
```
  6 4 5
- 3 3 6
```

(5)
```
  5 3 4
- 5 3 0
```

(10)
```
  4 7 3
- 2 3 7
```

(15)
```
  5 3 5
- 4 1 8
```

(20)
```
  6 4 5
- 2 2 9
```

Remember, if you are in one boat, you have to row together.

3-Digit Subtraction

Name: _____ Date: ___ / ___ / ___

1 **Subtract:**

(1)
```
  6 6 5
- 1 3 5
```

(6)
```
  5 5 5
- 2 5 6
```

(11)
```
  6 6 5
- 2 3 6
```

(16)
```
  6 6 1
- 1 2 3
```

(2)
```
  6 6 5
- 3 3 0
```

(7)
```
  5 5 5
- 4 4 7
```

(12)
```
  6 6 5
- 1 2 7
```

(17)
```
  6 6 1
- 2 3 4
```

(3)
```
  6 6 5
- 3 6 4
```

(8)
```
  5 5 5
- 3 5 9
```

(13)
```
  6 6 5
- 3 1 8
```

(18)
```
  6 6 1
- 3 4 5
```

(4)
```
  6 6 5
- 4 5 2
```

(9)
```
  5 5 5
- 3 5 5
```

(14)
```
  6 6 5
- 3 6 5
```

(19)
```
  6 6 1
- 4 5 6
```

(5)
```
  6 6 5
- 3 4 7
```

(10)
```
  5 5 5
- 2 3 9
```

(15)
```
  6 6 5
- 4 2 9
```

(20)
```
  6 6 1
- 5 4 7
```

② Subtract:

(1)
```
   857
 - 750
```

(2)
```
   857
 - 243
```

(3)
```
   857
 - 346
```

(4)
```
   857
 - 455
```

(5)
```
   857
 - 349
```

(6)
```
   852
 - 334
```

(7)
```
   852
 - 336
```

(8)
```
   852
 - 338
```

(9)
```
   852
 - 113
```

(10)
```
   852
 - 448
```

(11)
```
   654
 - 326
```

(12)
```
   654
 - 419
```

(13)
```
   654
 - 427
```

(14)
```
   654
 - 215
```

(15)
```
   654
 - 348
```

(16)
```
   645
 - 270
```

(17)
```
   645
 - 180
```

(18)
```
   645
 - 163
```

(19)
```
   645
 - 282
```

(20)
```
   645
 - 385
```

Remember, one finger cannot wash your face.

31 3-Digit Subtraction

Name: _____ Date: ___ / ___ / ___

1 Subtract:

(1)
```
   242
 - 120
```

(2)
```
   256
 - 150
```

(3)
```
   284
 - 253
```

(4)
```
   374
 - 155
```

(5)
```
   480
 - 155
```

(6)
```
   617
 - 153
```

(7)
```
   617
 - 263
```

(8)
```
   617
 - 383
```

(9)
```
   617
 - 456
```

(10)
```
   617
 - 170
```

(11)
```
   835
 - 150
```

(12)
```
   835
 - 382
```

(13)
```
   835
 - 256
```

(14)
```
   835
 - 571
```

(15)
```
   835
 - 695
```

(16)
```
   546
 - 352
```

(17)
```
   546
 - 194
```

(18)
```
   546
 - 265
```

(19)
```
   546
 - 183
```

(20)
```
   546
 - 376
```

② **Subtract:**

(1)
```
   5 5 5
 -  3 4 2
 --------
```

(6)
```
   5 5 5
 -  1 6 3
 --------
```

(11)
```
   5 5 5
 -  3 3 7
 --------
```

(16)
```
   5 5 5
 -  4 1 8
 --------
```

(2)
```
   5 5 5
 -  2 3 8
 --------
```

(7)
```
   5 5 5
 -  1 3 9
 --------
```

(12)
```
   5 5 5
 -  3 8 4
 --------
```

(17)
```
   5 5 5
 -  4 8 1
 --------
```

(3)
```
   5 5 5
 -  2 6 4
 --------
```

(8)
```
   5 5 5
 -  1 7 2
 --------
```

(13)
```
   5 5 5
 -  4 4 6
 --------
```

(18)
```
   5 5 5
 -  1 7 3
 --------
```

(4)
```
   5 5 5
 -  1 3 7
 --------
```

(9)
```
   5 5 5
 -  2 0 7
 --------
```

(14)
```
   5 5 5
 -  4 6 2
 --------
```

(19)
```
   5 5 5
 -  2 4 7
 --------
```

(5)
```
   5 5 5
 -  3 8 2
 --------
```

(10)
```
   5 5 5
 -  4 8 0
 --------
```

(15)
```
   5 5 5
 -  3 4 9
 --------
```

(20)
```
   5 5 5
 -  4 9 4
 --------
```

Remember, if the fingers of one hand quarrel, they cannot pick up the food.

64

Name: _____   Date: ___ / ___ / ___

1 **Subtract:**

(1)   146
    - 18

(6)   135
    - 18

(11)   124
     - 16

(16)   124
     - 18

(2)   146
    - 28

(7)   135
    - 28

(12)   124
     - 35

(17)   124
     - 38

(3)   146
    - 38

(8)   135
    - 48

(13)   124
     - 37

(18)   124
     - 68

(4)   146
    - 58

(9)   135
    - 68

(14)   124
     - 67

(19)   124
     - 58

(5)   146
    - 78

(10)   135
     - 38

(15)   124
     - 27

(20)   124
     - 25

2 Subtract:

(1)
```
  1 3 5
-   1 7
```

(2)
```
  1 3 5
-   2 7
```

(3)
```
  1 3 5
-   4 7
```

(4)
```
  1 3 5
-   6 7
```

(5)
```
  1 3 5
-   3 7
```

(6)
```
  1 2 3
-   4 3
```

(7)
```
  1 2 3
-   4 6
```

(8)
```
  1 2 3
-   4 8
```

(9)
```
  1 2 3
-   4 4
```

(10)
```
  1 2 3
-   2 8
```

(11)
```
  1 2 3
-   1 4
```

(12)
```
  1 2 3
-   3 4
```

(13)
```
  1 2 3
-   5 4
```

(14)
```
  1 2 3
-   7 4
```

(15)
```
  1 2 3
-   2 4
```

(16)
```
  1 6 3
-   3 8
```

(17)
```
  1 6 3
-   5 8
```

(18)
```
  1 6 3
-   7 8
```

(19)
```
  1 6 3
-   9 8
```

(20)
```
  1 6 3
-   6 8
```

Remember, a single bracelet does not jingle.

33 3-Digit Subtraction

Name: _____ **Date:** ___/___/___

1 Subtract:

(1)
```
   157
-   34
_____
```

(2)
```
   157
-   44
_____
```

(3)
```
   157
-   64
_____
```

(4)
```
   157
-   68
_____
```

(5)
```
   157
-   79
_____
```

(6)
```
   257
-   34
_____
```

(7)
```
   257
-   49
_____
```

(8)
```
   257
-   69
_____
```

(9)
```
   257
-   89
_____
```

(10)
```
   257
-   79
_____
```

(11)
```
   354
-   18
_____
```

(12)
```
   354
-   28
_____
```

(13)
```
   354
-   48
_____
```

(14)
```
   354
-   68
_____
```

(15)
```
   354
-   58
_____
```

(16)
```
   443
-   18
_____
```

(17)
```
   443
-   38
_____
```

(18)
```
   443
-   68
_____
```

(19)
```
   443
-   58
_____
```

(20)
```
   443
-   78
_____
```

2 Subtract:

(1)
```
  1 5 7
-   4 5
```

(6)
```
  2 3 4
-   7 0
```

(11)
```
  7 6 1
- 2 3 5
```

(16)
```
  3 2 4
- 1 6 2
```

(2)
```
  1 7 8
-   4 9
```

(7)
```
  2 3 4
-   7 5
```

(12)
```
  7 6 1
- 2 5 5
```

(17)
```
  3 2 4
- 1 5 3
```

(3)
```
  1 5 7
-   5 6
```

(8)
```
  2 3 4
-   6 5
```

(13)
```
  7 6 1
- 2 4 5
```

(18)
```
  3 2 4
- 1 5 5
```

(4)
```
  1 3 5
-   4 5
```

(9)
```
  2 3 4
-   6 8
```

(14)
```
  6 5 2
- 2 7 1
```

(19)
```
  3 2 4
- 1 5 7
```

(5)
```
  1 3 6
-   3 7
```

(10)
```
  2 3 4
-   3 7
```

(15)
```
  6 5 2
- 2 8 0
```

(20)
```
  3 2 4
- 1 5 9
```

Remember, sticks in a bundle are unbreakable.

3-Digit Subtraction

Name: _____   Date: /   /

1 **Subtract:**

(1) 756
   −228
   _____

(6) 674
   −259
   _____

(11) 843
    −127
    _____

(16) 843
    −236
    _____

(2) 756
   −283
   _____

(7) 674
   −292
   _____

(12) 843
    −162
    _____

(17) 843
    −272
    _____

(3) 756
   −287
   _____

(8) 674
   −289
   _____

(13) 843
    −167
    _____

(18) 843
    −277
    _____

(4) 782
   −256
   _____

(9) 453
   −218
   _____

(14) 843
    −417
    _____

(19) 843
    −484
    _____

(5) 714
   −256
   _____

(10) 453
    −278
    _____

(15) 843
    −687
    _____

(20) 843
    −489
    _____

69

2 Subtract:

(1)
```
  842
- 217
```

(2)
```
  842
- 272
```

(3)
```
  842
- 277
```

(4)
```
  842
- 380
```

(5)
```
  842
- 386
```

(6)
```
  953
- 237
```

(7)
```
  953
- 272
```

(8)
```
  953
- 277
```

(9)
```
  953
- 390
```

(10)
```
  953
- 397
```

(11)
```
  730
- 314
```

(12)
```
  730
- 370
```

(13)
```
  730
- 376
```

(14)
```
  730
- 408
```

(15)
```
  730
- 488
```

(16)
```
  713
- 320
```

(17)
```
  713
- 307
```

(18)
```
  713
- 328
```

(19)
```
  713
- 427
```

(20)
```
  713
- 418
```

Remember, if birds travel without coordination, they beat each other's wings.

35 3-Digit Subtraction

Name: _____ Date: ___ / ___ / ___

1 **Subtract:**

(1) $\begin{array}{r} 100 \\ -\quad 3 \\ \hline \end{array}$	(6) $\begin{array}{r} 100 \\ -\ 13 \\ \hline \end{array}$	(11) $\begin{array}{r} 110 \\ -\quad 2 \\ \hline \end{array}$	(16) $\begin{array}{r} 110 \\ -\ 12 \\ \hline \end{array}$

(2) $\begin{array}{r} 100 \\ -\quad 5 \\ \hline \end{array}$	(7) $\begin{array}{r} 100 \\ -\ 25 \\ \hline \end{array}$	(12) $\begin{array}{r} 110 \\ -\quad 4 \\ \hline \end{array}$	(17) $\begin{array}{r} 110 \\ -\ 24 \\ \hline \end{array}$

(3) $\begin{array}{r} 200 \\ -\quad 9 \\ \hline \end{array}$	(8) $\begin{array}{r} 200 \\ -\ 57 \\ \hline \end{array}$	(13) $\begin{array}{r} 210 \\ -\quad 6 \\ \hline \end{array}$	(18) $\begin{array}{r} 210 \\ -\ 36 \\ \hline \end{array}$

(4) $\begin{array}{r} 200 \\ -\quad 7 \\ \hline \end{array}$	(9) $\begin{array}{r} 200 \\ -\ 79 \\ \hline \end{array}$	(14) $\begin{array}{r} 210 \\ -\quad 8 \\ \hline \end{array}$	(19) $\begin{array}{r} 210 \\ -\ 48 \\ \hline \end{array}$

(5) $\begin{array}{r} 300 \\ -\quad 4 \\ \hline \end{array}$	(10) $\begin{array}{r} 300 \\ -\ 24 \\ \hline \end{array}$	(15) $\begin{array}{r} 310 \\ -\quad 7 \\ \hline \end{array}$	(20) $\begin{array}{r} 310 \\ -\ 87 \\ \hline \end{array}$

2 Subtract:

(1)
```
  400
-   3
-----
```

(2)
```
  400
-   6
-----
```

(3)
```
  400
-  17
-----
```

(4)
```
  400
-  28
-----
```

(5)
```
  400
-  94
-----
```

(6)
```
  410
-  22
-----
```

(7)
```
  410
-  44
-----
```

(8)
```
  410
-  99
-----
```

(9)
```
  410
-  73
-----
```

(10)
```
  410
-  39
-----
```

(11)
```
  500
-   4
-----
```

(12)
```
  500
-  18
-----
```

(13)
```
  500
-  97
-----
```

(14)
```
  600
-  81
-----
```

(15)
```
  700
-  94
-----
```

(16)
```
  510
-   3
-----
```

(17)
```
  510
-  26
-----
```

(18)
```
  510
-  75
-----
```

(19)
```
  610
-  84
-----
```

(20)
```
  710
-  68
-----
```

Remember, the first one to wake up must wake up his neighbor.

72

Name: _____ Date: __ / __ / __

1 Subtract:

(1)
```
  100
-   4
```

(6)
```
  101
-   4
```

(11)
```
  103
-   7
```

(16)
```
  103
-  17
```

(2)
```
  100
-  13
```

(7)
```
  101
-  13
```

(12)
```
  203
-   8
```

(17)
```
  203
-  28
```

(3)
```
  200
-  26
```

(8)
```
  201
-  26
```

(13)
```
  203
-   6
```

(18)
```
  203
-  66
```

(4)
```
  200
-  58
```

(9)
```
  201
-  58
```

(14)
```
  303
-   4
```

(19)
```
  303
-  74
```

(5)
```
  300
-  82
```

(10)
```
  301
-  82
```

(15)
```
  303
-   5
```

(20)
```
  303
-  65
```

2 Subtract:

(1) 402
    -   3

(6) 504
    -   5

(11) 403
    - 56

(16) 403
    - 156

(2) 402
    - 34

(7) 504
    - 27

(12) 403
    - 68

(17) 403
    - 168

(3) 402
    - 45

(8) 504
    - 58

(13) 403
    - 35

(18) 403
    - 135

(4) 402
    - 76

(9) 504
    - 79

(14) 403
    - 47

(19) 403
    - 147

(5) 402
    - 57

(10) 504
    - 46

(15) 403
    - 89

(20) 403
    - 189

Remember, when minds are the same, that which is far off will come.

4-Digit Subtraction

37

Name: _____ Date: / /

1 Subtract:

(1)   10.00
    - 2.97

(6)   10.00
    - 3.82

(11) 20.00
    - 7.45

(16) 10.00
    - 7.56

(2)   10.00
    - 4.95

(7)   10.00
    - 4.85

(12) 20.00
    - 8.63

(17) 20.00
    - 18.28

(3)   10.00
    - 3.92

(8)   10.00
    - 4.84

(13) 20.00
    - 6.78

(18) 20.00
    - 6.96

(4)   10.00
    - 2.93

(9)   10.00
    - 6.65

(14) 30.00
    - 14.33

(19) 30.00
    - 17.74

(5)   10.00
    - 2.82

(10) 10.00
    - 6.75

(15) 30.00
    - 5.89

(20) 30.00
    - 12.46

Subtract:

(1) 20.00
    - 4.95
    _____

(6) 20.00
    - 6.28
    _____

(11) 30.00
    - 23.79
    _____

(16) 40.00
    - 31.56
    _____

(2) 20.00
    - 12.32
    _____

(7) 20.00
    - 13.08
    _____

(12) 30.00
    - 18.43
    _____

(17) 40.00
    - 28.78
    _____

(3) 20.00
    - 10.56
    _____

(8) 20.00
    - 4.74
    _____

(13) 30.00
    - 25.58
    _____

(18) 40.00
    - 36.36
    _____

(4) 20.00
    - 14.93
    _____

(9) 20.00
    - 16.65
    _____

(14) 30.00
    - 13.33
    _____

(19) 40.00
    - 27.74
    _____

(5) 20.00
    - 17.82
    _____

(10) 20.00
    - 11.55
    _____

(15) 30.00
    - 27.29
    _____

(20) 40.00
    - 15.46
    _____

Remember, he who butters your bread has an effect on your stomach.

4-Digit Subtraction

Name: Date: /   /

1 Subtract:

(1) 40.00
  - 12.97

(2) 41.00
  - 14.95

(3) 43.00
  - 33.92

(4) 45.00
  - 12.93

(5) 47.00
  - 34.82

(6) 49.00
  - 32.82

(7) 52.00
  - 41.85

(8) 54.00
  - 50.84

(9) 56.00
  - 45.65

(10) 58.00
  - 26.75

(11) 61.00
  - 47.45

(12) 59.00
  - 38.63

(13) 62.00
  - 56.78

(14) 57.00
  - 34.33

(15) 64.00
  - 47.89

(16) 66.00
  - 27.56

(17) 55.00
  - 18.28

(18) 68.00
  - 8.96

(19) 53.00
  - 47.74

(20) 70.00
  - 52.46

2 Subtract:

(1)   80.00
       - 4.43

(2)   90.00
       - 12.92

(3)   60.00
       - 10.24

(4)   70.00
       - 14.27

(5)   40.00
       - 17.30

(6)   30.00
       - 6.33

(7)   70.00
       - 13.36

(8)   90.00
       - 4.39

(9)   30.00
       - 16.42

(10)   50.00
       - 11.45

(11)   10.00
       - 23.48

(12)   20.00
       - 18.52

(13)   30.00
       - 25.55

(14)   40.00
       - 13.63

(15)   50.00
       - 27.67

(16)   60.00
       - 31.71

(17)   70.00
       - 28.74

(18)   80.00
       - 36.32

(19)   90.00
       - 27.73

(20)   50.00
       - 15.49

Remember, every woman teaches as she acts.

CPSIA information can be obtained at www.ICGtesting.com
Printed in the USA
LVOW02s1819030815

448567LV00017B/7/P